まちごとインド

West India 013 Pune
プネー
ガネーシャに守護された「高原都市」

पुणे

JN149001

Asia City Guide Production

【白地図】西インド主要都市

INDIA
西インド

西インド
主要都市

Pune 白地図

【白地図】プネー

INDIA
西インド

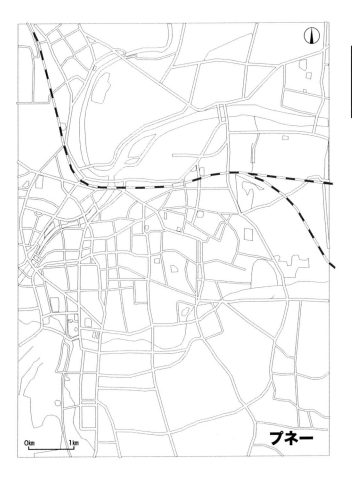

Pune 白地図

プネー

【白地図】プネー旧市街

INDIA
西インド

【白地図】シャーンワルワーダー宮殿

INDIA
西インド

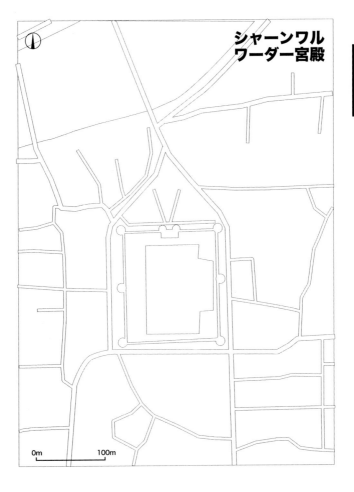

【白地図】プネー新市街

INDIA
西インド

プネー新市街

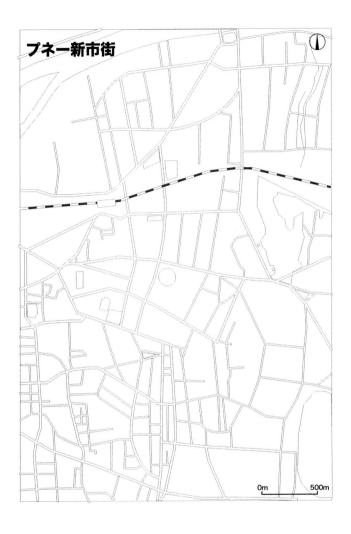

Pune 白地図

【白地図】プネー駅

INDIA
西インド

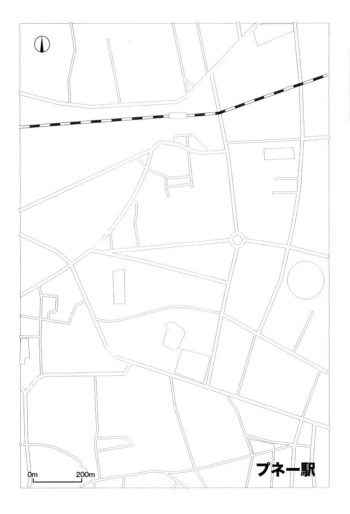

【白地図】プネー郊外

INDIA
西インド

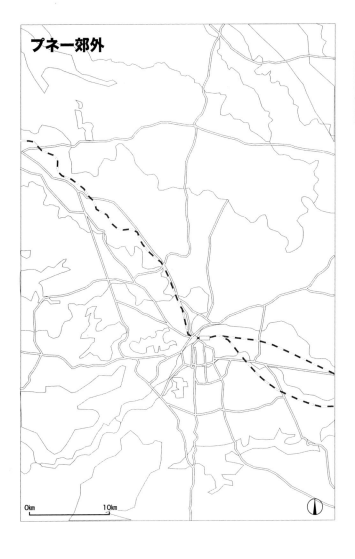

【白地図】カールリー

INDIA
西インド

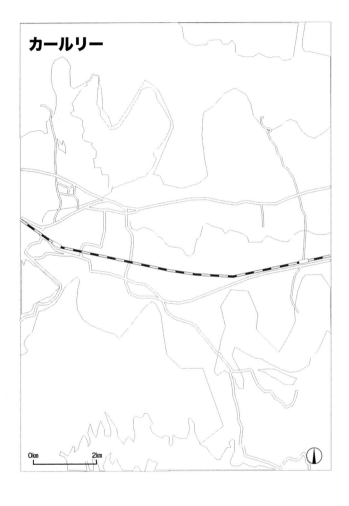

【白地図】西ガーツ山脈

INDIA
西インド

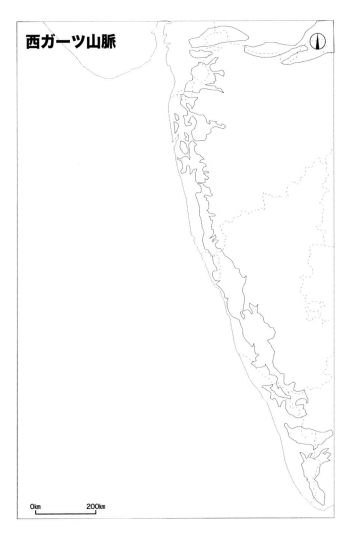

INDIA
西インド

【まちごとインド】
西インド 011 はじめてのマハラシュトラ
西インド 012 ムンバイ
西インド 013 プネー
西インド 014 アウランガバード
西インド 015 エローラ
西インド 016 アジャンタ
西インド 021 はじめてのグジャラート
西インド 022 アーメダバード
西インド 023 ヴァドダラー（チャンパネール）
西インド 024 ブジ（カッチ地方）

　アラビア海とデカン高原を結ぶ西ガーツ山脈の斜面に位置する高原都市プネー。ムラー川とムター川の合流地点の南側に開け、ムンバイについでマハラシュトラ州第2の都市として知られる（サンスクリット語で「神聖な」を意味するプンニャに由来する）。

　16世紀、マラータ王国の祖となるシヴァジーの祖父がこの地に領地をあたえられ、プネーは発展のきざしを見せるようになった。とくにマラータ王国の実権が宰相にうつってからは、宰相バージー・ラーオ1世の宮殿がプネーに構えられ、

पुणे Pune
プネー

　その首都としてヒンドゥー文化が栄えていた。

　17～18世紀に繁栄したマラータ王国も、三度にわたるイギリスとの戦いに敗れ、1817年、プネーはボンベイ管区に組み込まれた。イギリス統治下ではプーナと呼ばれて、夏の都がおかれたほか、数多くの学術機関が設立された。このような歩みからプネーはマハラシュトラ州の文化的首都、またヒンドゥー教の伝統を伝える古都となっている。

【まちごとインド】
西インド 013 プネー

目次

プネー ……………………………………………………… xx

マラータの伝統を伝える街 ………………………………… xxvi

旧市街城市案内 …………………………………………… xxxiii

象頭神が街を守護する …………………………………… xlvi

新市街城市案 ……………………………………………… li

郊外城市案内 ……………………………………………… lxviii

城市のうつりかわり ……………………………………… lxxxii

【MEMO】

Pune プネー

【地図】西インド主要都市

マラータの伝統を伝える街

INDIA
西インド

ムンバイから南東に 200 kmに位置するプネー
ヒンドゥー都市、IT都市、学問の街といった
さまざまな顔をもっている

マハラシュトラ州の文化的古都

アラビア海からデカン高原へいたる広大な土地をもつマハラシュトラ州にあって、プネーはマラータ王国以来の伝統をもつこの地方の文化的中心地と見られている(多様なマラーティー語の方言のなかでも、プネー方言がこの州の標準となっている)。またこの地には正統派のヒンドゥー文化が残る一方、ヒンドゥー文化が伝わる以前の土着信仰(大地母神など先住民の信仰)が見られるなど、複雑な宗教体系をもつことでも知られる。

▲左 マラータの英雄シヴァジー、街のいたるところで見かける。　▲右 プネーはインド有数の人口を抱える大都市

英雄シヴァジーゆかりの街

マハラシュトラ州の街で見られるシヴァジーの像や通りの名前。プネーを故地とするシヴァジーは、12世紀以来、イスラム教徒の統治を受けてきたインドにあって、ヒンドゥー教徒による民族解放運動の先駆者と見られている。デカンのイスラム王朝に仕えていたシヴァジーの祖父が1595年、プネーに領地をあたえられ、シヴァジーはこの地で生まれた。シヴァジーは近郊の山岳地帯を利用してゲリラ戦を展開し、とくにムガル帝国のアウラングゼーブ帝と互角に渡りあい、一時はアーグラに監禁されるも、変装して脱走し、プネーに戻って

西インド

▲左　ムラー川とムター川の合流点に開けた街。　▲右　プネー旧市街、交通量が多い

きた話は英雄譚として広く知られている。

街の構成

川の合流点サンガム南に位置するプネーの旧市街が古くから街があったところで、ベスと呼ばれる街区がならぶ伝統的なインドの都市形態が残っている。イギリス統治時代、この旧市街の東側に新市街がつくられ、街は拡大していった。旧市街南のパールヴァティー・ヒルからは街が一望できるほか、北東郊外にはガンジー記念館が位置する。

【MEMO】

【地図】プネー

【地図】プネーの [★★☆]
- [ ] 旧市街 Old City
- [ ] シャーンワルワーダー宮殿（土曜宮殿）Shanwar Wada
- [ ] ガンジー記念館 Gandhi National Memorial Society

【地図】プネーの [★☆☆]
- [ ] ナーナー地区 Nana Peth
- [ ] パールヴァティー寺院 Parvati Mandir
- [ ] ブンド公園 Bund Garden
- [ ] パータレーシュヴァル Pataleshwar

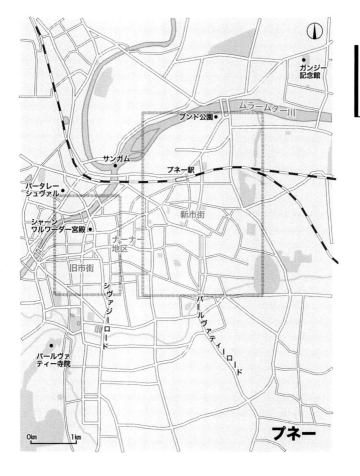

Guide, Old City
旧市街 城市案内

イスラム勢力の統治下にあった中世インド
そのような時代、プネーに都したマラータ王国では
ヒンドゥー文化の伝統が受け継がれていった

旧市街 Old City ［★★☆］

プネー旧市街はマラータ王国時代からの伝統をもつところで、街の中心には1736年に建てられた土曜宮殿が位置する。この旧市街は「居住地区」を意味するカスバ・プネーと呼ばれ、街区が放射状に広がる伝統的なインドの街の構成をもっている（ムガル帝国などによる都市は城壁で周囲を囲む）。旧市街は土曜地区や水曜地区など曜日やマラータ宰相の名前が冠された街区にわけられ、西にムター川、東にナーガジャリー川にいたる地域がその範囲だった。またここにはマラータ統治以前の13世紀からの伝統をもつベランダに彫刻がほどこ

▲左　派手な尖塔が見えるマラータの様式。　▲右　にぎわうプネー旧市街、インド天文学と街区が対応する

された木造2階建ての建物も見られる。

シャーンワルワーダー宮殿（土曜宮殿）
Shanwar Wada ［★★☆］

マラータ同盟の第2代宰相バージー・ラーオ1世の命で、1736年に建てられたシャーンワルワーダー宮殿。旧市街の土曜地区に建てられたことから、土曜宮殿とも呼ばれる。1674年にシヴァジーによって樹立されたマラータ王国は、やがて18世紀に入るとプネーの宰相を中心とした宰相府と各地の諸侯による連合体（マラータ同盟）になり、ここに宰

【MEMO】

【地図】プネー旧市街の [★★☆]
- [ ] 旧市街 Old City
- [ ] シャーンワルワーダー宮殿（土曜宮殿）
  Shanwar Wada
- [ ] カスバ・ガナパティ寺院 Kasba Ganapati Mandir
- [ ] ラージャ・ディンカ・ケルカル博物館
  Raja Dinkar Kelkar Museum

【地図】プネー旧市街の [★☆☆]
- [ ] ヴィシュ・ラームバーグ宮殿（安息園宮殿）
  VishRam Bagh Wada
- [ ] ナーナー地区 Nana Peth

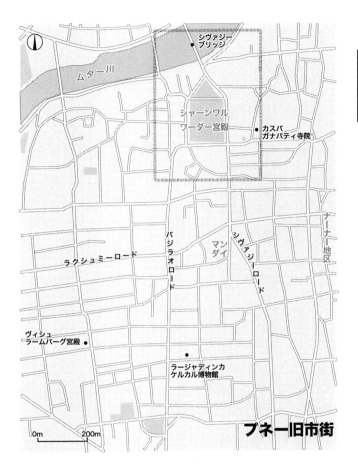

西インド

▲左　シャーンワルワーダー宮殿、マラータ王国の宮廷があった。　▲右　マラータはムガル帝国に替わるインドの支配者となった

相府の宮廷がおかれていた。火災で焼失したため、デリー門と城壁、庭園のみが残っており、往時の姿を今に伝えている。

カスバ・ガナパティ寺院 Kasba Ganapati Mandir [★★☆]

シャーンワルワーダー宮殿の東側に位置するカスバガナパティ寺院。象頭のガネーシャ神（ガナパティ神）は、障害をとり払い、商売繁盛を約束し、とくにプネー、ムンバイなどの西インドでは最高神の地位をたもっている。もともと村（カスバ）の神であったが街の発展とともにプネー全体の守護神となり、マラータ宰相の家族神でもあった。

【MEMO】

【地図】シャーンワルワーダー宮殿

【地図】シャーンワルワーダー宮殿の [★★☆]

- [ ] シャーンワルワーダー宮殿（土曜宮殿）
  Shanwar Wada
- [ ] カスバ・ガナパティ寺院 Kasba Ganapati Mandir

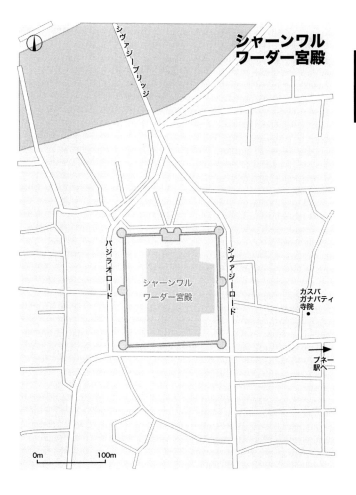

INDIA
西インド

ラージャ・ディンカ・ケルカル博物館
Raja Dinkar Kelkar Museum ［★★☆］

プネー旧市街の一角にあるラージャ・ディンカ・ケルカル博物館。武器、象牙や陶器などの調度品、膨大な数のインドの古美術品を収容している。イギリス植民地時代の20世紀にケルカル博士によって集められたためにこの名前がつけられ、現在はマハラシュトラ州によって管理されている。

▲左 プネーの守り神をまつったカスバ・ガナパティ寺院。 ▲右 印象的な彫像、一風変わった収蔵品も見られる

ヴィシュ・ラームバーグ宮殿（安息園宮殿）
VishRam Bagh Wada [★☆☆]

旧市街の水曜地区に位置するヴィシュ・ラームバーグ宮殿（安息園宮殿）。マラータ様式の建物で、現在は裁判所として使われている。

ナーナー地区 Nana Peth [★☆☆]

マラータ王国時代からの伝統をもつナーナー地区。このあたりには18世紀ごろのマラータ時代の建物がならんでいる。ナーナーという名前は、マラータ第8代宰相で1857年のイ

▲左　パールヴァティー女神はシヴァ神の配偶神。　▲右　丘陵に立つパールヴァティー寺院

ンド大反乱でイギリスに反旗をひるがえしたナーナー・サーヒブに由来する。

パールヴァティー寺院 Parvati Mandir ［★☆☆］

プネー旧市街南東部のパールヴァティー丘陵に立つパールヴァティー寺院。第3代マラータ宰相バラジ・ラーオによって18世紀に建立された。タマネギ状のドームを浮かべ、堂内の周壁上部からは街を一望できる。

象頭神が街を守護する

INDIA 西インド

象頭のガネーシャ神は商売の神様
西インドで広く信仰され
プネーの守護神となっている

ガネーシャの誕生

「眷属（親族）の長」を意味するガネーシャ神は、ヒンドゥー教ではシヴァ神とパールヴァティー女神の子どもと位置づけられている。ある日、パールヴァティー女神が自分の垢からガネーシャ神をつくり、そこに生命を注ぎこんだ。ガネーシャ神は「自分（パールヴァティー女神）が入浴しているあいだ誰も入れない」よう告げられ、門前を守っていた。そこへシヴァ神が帰ってきて、ガネーシャ神と押し問答するうちに、シヴァ神はガネーシャ神の首をはねてしまった。その後、自分の子どもであることを知ったシヴァ神は、「最初に出逢っ

▲左　象頭のガネーシャ神。　▲右　こぢんまりとしたカスバ・ガナパティ寺院の内部

た生きものの首をもってくる」よう自分の部下に命じ、あわてて象の首をつけたため象頭の姿となったのだという。ガネーシャ神は仏教にもとり入れられ、歓喜天、聖天として信仰されている。

ガネーシャが街を守護する

マハラシュトラ州はインドのなかでもガネーシャ信仰が盛んなことで知られ、マラータの都がおかれる前からプネーにもガネーシャ神への信仰の伝統があった。プネーから周囲50〜100kmのところには曼荼羅状に8つのガネーシャ寺（アシュ

INDIA
西インド

タヴィナーヤカと呼ばれる）が位置し、この街を守護している。また市街ではガネーシャ神をまつる小さな祠が数多く見られ、礼拝を捧げる人々の姿が見られる。

意図されたガネーシャ神の祭り

ガネーシャ神の像をつくって街を練り歩き、海や川に流す祭りガネーシャ・チャトゥルティー。西インドで見られるこの祭りが行なわれるようになったのは比較的新しく、19世紀のプネーに生まれたインド民族運動の指導者ティラクによって体系化された。ヒンドゥー教徒とイスラム教徒の対立がは

▲左 街ではガネーシャ神を何度も見かける。　▲右　シヴァ神そのものと見られる男性器リンガと女性器ヨーニ

げしくなった当時、ティラクにはヒンドゥー教徒を団結させる目的があったという（イスラム教のモハッラムが参考にされた）。19世紀末から20世紀初頭にかけて、マハラシュトラはベンガルとならんで、イギリスからの自立を求める民族運動が行なわれた場所でもあり、プネーの土曜王宮ではしばしば集会が開かれていた。

Pune　象頭神が街を守護する

Guide, New City
新市街
城市案内

マラータ戦争に勝利したイギリス
土曜宮殿にユニオン・ジャックをかかげ
旧市街の東側に新たな街が造営された

ガンジー記念館
Gandhi National Memorial Society [★★☆]

ムラー・ムター川を越えた市街北東部に位置するガンジー記念館（アガ・ハン・パレス）。1892年、イスラム教イスマイル派の指導者アガ・ハン3世によって建てられた宮殿跡で、1940年代にガンジーがここに軟禁されたことがあるところからガンジー記念館となった（当時は藩王や富豪がプネーに別荘を建てることが多く、独立後、アガ・ハン側からインド政府に送られた）。ガンジーの遺品のほかに、ガンジーの妻カストゥルバの墓も残っている。

【地図】プネー新市街の [★☆☆]

- [ ] ブンド公園 Bund Garden
- [ ] オショー・ティアス・パーク Osho Teerth Park
- [ ] シュリー・バラジ寺院 Sri Balaji Mandir
- [ ] カントンメント Cantonment
- [ ] ナーナー地区 Nana Peth

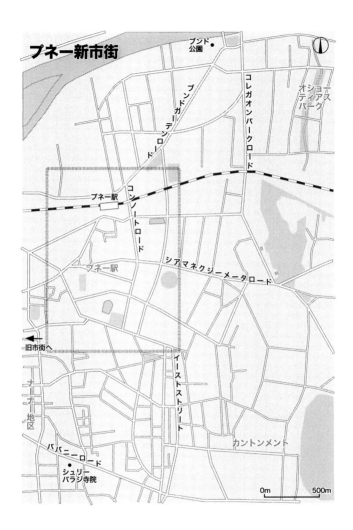

【地図】プネー駅

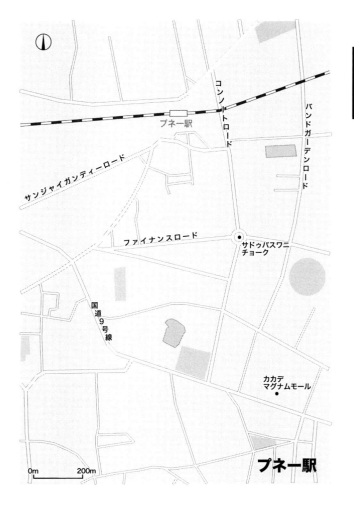

INDIA
西インド

プネーのガンジー

ムンバイやアーメダバードを拠点にインド独立運動を展開したガンジー。1942年、反英闘争が高まるなか、ムンバイで演説を予定していたガンジーは逮捕され、1944年までをプネーのアガ・ハン宮殿で過ごすことになった(健康状態が考慮され、この場所になった)。そのとき面会を求める人々が邸宅のなかに入り、ガンジーのいる部屋の前を通り過ぎることが許可されていた。1943年、暴動を起こした人々に心を痛め、ガンジーはこの場所で断食を行なっている。

▲左 市街北東部に位置するガンジー記念館(アガ・ハン・パレス)。　▲右 ガンジーの彫像、非暴力をつらぬいた

ブンド公園 Bund Garden ［★☆☆］

ムラー・ムター川に面するブンド公園。パルシー教徒の実業家ジージーバーイ・ジャムシェードジーによって川の水を利用してつくられた。宗教家ラジニーシ廟が残っている。

オショー・ティアス・パーク Osho Teerth Park ［★☆☆］

20世紀の神秘家OSHOのコミューンを前身とするオショー・ティアス・パーク。OSHOことバグワン・シュリ・ラジニーシ(1931〜90年)は独自の瞑想方法を行なった神秘家で、インド人のほか多くの西洋人の弟子の帰依を受け、プネーで

INDIA
西インド

没した(OSHOとは和尚に由来し、道教や禅といった思想にも広く通じていたという。またこれまで性に対する開放的な立場が強調されて見られてきた)。美しい自然に包まれたアーシュラムには、共同生活を送って瞑想し、OSHOの教えを学ぶ人々が集まっている。敷地内にはオショー・メディテーション・リゾートが立つ。

シュリー・バラジ寺院 Sri Balaji Mandir [★☆☆]
アーンドラ・プラデーシュ州で信仰されているヴィシュヌ神の化身ヴェンカテシュワラ神(バラジー神)をまつったシュ

▲左　多くの人が行き交う喧騒のプネー駅。　▲右　プネー駅前のゴルガパ屋さん、スープを流し込んで10個食べる

リー・バラジ寺院。1988年に建てられ、ティルマラにある寺院をもとにしていることから。南インドの寺院様式をもつ。

夏の避暑地

18世紀末から19世紀初頭にかけての三度にわたるマラータ戦争でプネーがイギリス領となると、それまでマラータの支配していた領土はボンベイ管区に組み込まれた。プネーは高原にあるところから、6～10月のあいだモンスーンの暑さや湿気の影響を受けにくく、1832年ごろから、ボンベイ行政府の夏の都がおかれるようになった（コルカタに対する

INDIA
西インド

ダージリンのようなモンスーン・キャピタル)。イギリスはムンバイからプネーまで鉄道路線を 1863 年に完成させると、それまで 4 日かかっていた旅程が大幅に短縮され、実業家などもプネーに邸宅を構えるようになった。

カントンメント Cantonment [★☆☆]

プネー旧市街東のエリアは、イギリス統治時代に軍営地として開かれたところで、緑の植樹がされた落ち着いた街並みが広がっている。イギリス統治時代、プネーにはボンベイ管区におけるイギリス軍最大規模の軍営地があり、またムンバイ

▲左　ブンド公園からのぞむムラー・ムター川。　▲右　学校帰りの子どもたち、プネーはインドでも日本語教育が盛んな街

に代わる夏の都がおかれていた。カントンメントではキリスト教会が見られるほか、ゾロアスター教徒やアラブ系の人々の姿も見られる。

パータレーシュヴァル Pataleshwar ［★☆☆］

プネー旧市街の北西部はシヴァジー・ナガルと呼ばれ、マラータ王国の都がおかれる以前からの歴史ある地域となっている。石窟寺院パータレーシュヴァル（未完成）は、8世紀ごろの造営と見られていて、この地が長いヒンドゥー教の伝統をもつことがわかる。石窟奥には生命力の象徴であるリン

西インド

ガ・ヨーニが残っていて、礼拝の対象となっている。

イスコン教寺院 ISKCON NVCC Mandir [★☆☆]

プネーの南郊外に立つイスコン教寺院（International Society For Krishna Consciousness New Vedic Cultural Center）。イスコン教はヒンドゥー教から派生した新興宗教で、クリシュナ神を信仰する。赤とクリーム色を基調とする寺院は、伝統的なヒンドゥー寺院と現代建築の要素があわさっている。

【MEMO】

【地図】プネー郊外の [★★☆]
- [ ] ガンジー記念館 Gandhi National Memorial Society

【地図】プネー郊外の [★☆☆]
- [ ] イスコン教寺院 ISKCON NVCC Mandir

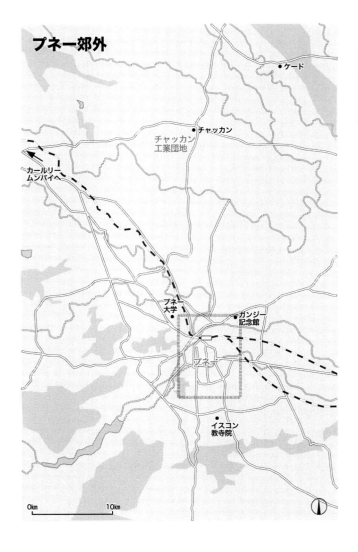

INDIA
西インド

プネーの工業団地

安定した過ごしやすい気候、多くの大学が集まり「インドのオックスフォード」と呼ばれるほどの人材の豊富さ、また日本語教育がインドでもっとも盛んなところから、プネーには多くの日本企業が進出する。プネーの工業団地は、市街北部のチャッカンやケードに位置し、巨大な消費人口を抱えるムンバイやマハラシュトラ州への拠点となっている。

**Guide,
Around Pune**

郊外
城市案内

INDIA
西インド

仏教石窟が豊富に残る西インド
なかでもカールリーの石窟は
インド仏教石窟で最高の完成度とされる

カールリー Karli ［★★★］

プネー北西55kmに位置する仏教石窟群カールリー。10ほどの石窟が残り、そのなかでストゥーパをもつ祠堂（チャイティヤ）窟はインドの仏教石窟のなかでもっとも美しいとたたえられている。2世紀初頭（前期）に造営され、列柱がならぶ内部の奥にブッダの遺灰をおさめたストゥーパが立つ（サータヴァーハナ朝と争っていたサカ族のクシャハラータ朝による）。幅14m奥行き38mの規模をもち、奥が半円形を描く馬蹄形のプランとなっていて、交易を通してつながりのあったローマ時代のバシリカ建築による影響の可能性が指摘され

▲左 カールリーはインドを代表する傑作石窟。 ▲右 灯された小さな炎、山上の石窟へ続く階段にて

る。時代がくだってから、石窟の前方にドゥルガー女神をまつるヒンドゥー寺院が建てられている。

石窟とは

石窟は陽射しの強いインドの気候にあって、出家した僧侶が修行したり、起居する場所となってきた。インドに石窟は1200以上あり、ヒンドゥー教やジャイナ教、また古代アージーヴィカ教のものなどが残っているなかで、その75％が仏教窟だと言われる。その多くが西インドに集中しているのは、デカン高原という石材に恵まれた土地とアラビア海を通

【地図】カールリー

【地図】カールリーの [★★★]
- [ ] カールリー Karli

【地図】カールリーの [★☆☆]
- [ ] バージャー Bhaja

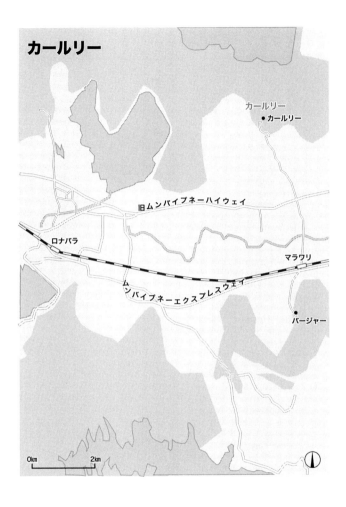

INDIA
西インド

【MEMO】

カールリー
チャイティヤ窟

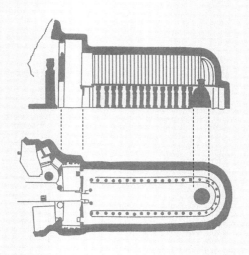

INDIA
西インド

した交易によると考えられている（仏教の保護者となった裕福な商人層が街道沿いに石窟寺院を寄進した）。

石窟の成り立ち

大きく前期（紀元前1～2世紀）と後期（5～8世紀）にわけられるインドの石窟。前期はサータヴァーハナ朝やそれと対抗していたクシャハラータ朝（クシャン朝の太守クシャトラパ）によるもので、カールリーのほか、アジャンタ、カンヘリーなどに残っている。後期はグプタ朝とそれ以後のもので、それまでの簡素なものと違って装飾がほどこされるよう

▲左 カールリー石窟内部、刻まれた文字が確認できる。 ▲右 仏教窟前に建てられたヒンドゥー寺院

になり、ヒンドゥー教窟が増えている。また仏教窟はストゥーパをまつった祠堂（チャイティヤ）窟と仏教僧が起居した僧院（ヴィハーラ）窟に分類される。

バージャー Bhaja [★☆☆]

プネーの北西、ロナウラから10kmの距離に位置するバージャー窟。前期の仏教石窟のなかでもアージヴィカ教のバラバル（ガヤー）に次ぐ最初期（紀元前2〜1世紀）に造営された20ほどの石窟が見られる。僧院窟がならぶなか、12窟だけが祠堂窟となっていて、ストゥーパが彫り出されている。

【MEMO】

INDIA
西インド

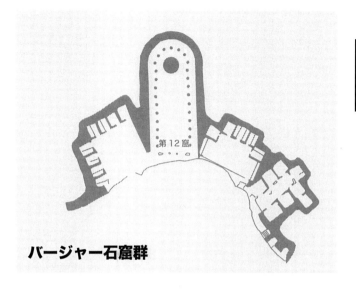

バージャー石窟群

幅8m、奥行18mからなり、石窟が開削されたばかりの最初期にあたる、柱と梁からなる木造堂の性格を残している（当時の木造の建物が一般的で、その様子を石窟にうつしていった）。

西ガーツ山脈 Western Ghats［★★☆］

逆三角形をしたインド亜大陸の東西海岸沿いに走る東西のガーツ山脈。ガーツという名前は、海岸から階段（ガート）状にせりあがることに由来し、ガンジス河にのぞむバラナシのガートと語源を同じとする。西ガーツ山脈は、グジャラー

【地図】西ガーツ山脈の [★★★]

- [ ] カールリー Karli

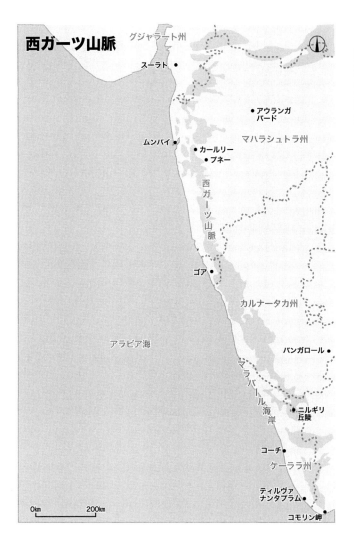

INDIA
西インド

▲左　エローラ、アジャンタなどマハラシュトラ内陸部では石窟が彫られてきた。　▲右　プネーとムンバイのあいだを走る鉄道

トからマハラシュトラ、カルナータカ、ケーララをへてコモリン岬近くまで平均標高900m、全長1600kmに渡って続く。この西ガーツ山脈は南西モンスーンの影響を強く受け、多様な植生、動物が暮らす世界でも類を見ない地域とされる。ちょうど中ほどのゴアより北ではデカントラップと呼ばれる玄武岩（溶岩）がつくる特異な地形が見られるほか、南側のニルギリ丘陵ではニルギリ紅茶が生産される。世界自然遺産にも指定されている。

城市のうつりかわり

INDIA 西インド

マラータの都として繁栄を見せてきたプネー
中世から近代、現代まで
激動を歩んできた街でもある

シヴァジー登場まで（7～17世紀）

7世紀ごろ、プネーには小さな集落があったと言われ、時代がくだった13世紀にデリーから南下したイスラム勢力のアラー・ウッディーンの軍によってこの地に小さな城塞が築かれた。その後、デリーの王朝から独立したバフマニー朝（14～16世紀）、続いてニザーム・シャーヒー朝の領土となり、1595年、この王朝に仕えていたマーロージー・ボーンスレー（マラータ王国の祖シヴァジーの祖父）の領地となった。こうしてプネーはシヴァジーの父シャハージー、シヴァジーへと受け継がれ、1644年ごろからシヴァジーは宗主に対して

▲左 木彫りの窓枠をもつ古い建物、プネー旧市街にて。 ▲右 派手なマラータ様式のヒンドゥー寺院

独立的な動きを見せるようになった。

マラータ王国の樹立（17世紀）

17世紀、プネーはマラータのシヴァジー、東のニザーム・シャーヒー朝、北のムガル帝国の争奪の場となっていたが、土着の歩兵を指揮してゲリラ戦を展開したシヴァジーが台頭し、1674年、プネー南西のライガル要塞でマラータ王国を樹立した（とくに1707年のアウラングゼーブ帝の死後、デカンの覇権をマラータがにぎった）。中世以来、イスラム王朝の支配下にあったインドにあって、ヒンドゥー教徒のシ

▲左　槍状の防備で象の進撃をとめたという、シャーンワルワーダー宮殿。
▲右　マラーティー語で書かれた看板

ヴァジーは、のちにヒンドゥー教徒や民族解放の英雄と見られるようになった。

マラータ同盟の都へ（18〜19世紀）

18世紀に入ると、マラータ王国の実権は王から宰相にうつっていた。プネーにシャーンワルワーダー宮殿をつくったバージーラーオは、1720年に父バーラージー・ヴィシュヴァナートの跡をついで宰相になり、その位は世襲された（正式には1749年、第4代シャーフー王の死に際して王国の実権は宰相にうつった）。この宰相府の都がプネーにおかれ、マラー

タ諸侯が連合してインドの大部分をおさめたことから、この時代はマラータ同盟の時代と言われている。

INDIA
西インド

マラータ戦争からイギリス支配へ（19世紀〜20世紀）

1756年のプラッシーの戦い以後、ベンガルを領土化したイギリス東インド会社はインド全域に勢力を広げようとしていた。マラータ宰相の跡継ぎをめぐってイギリスが干渉し、有力なマラータ諸侯がイギリスにくだっていった。1818年、三度のマラータ戦争をへてプネーはイギリス東インド会社の支配下に入り、その領土はボンベイ管区に編入された（バージーラーオ2世はデリー東方のカーンプルに追放されたが、1857年のインド大反乱が起こったときマラータ宰相の養子であったナーナー・サーヒブは反乱軍の指導者となった）。

▲左 シャーン・ワルワーダー宮殿の城壁を歩く。　▲右　日本企業の進出も目立つプネー

インド独立と21世紀のプネー（20世紀〜）

マハラシュトラ州では19世紀末から反イギリス運動がはげしく展開され、プネーもその中心地となっていた。またプネーには20世紀初頭以来、工科大学、農業大学などの研究、教育機関が次々と建てられ、とくにバラモン文化の伝統をもつことから、サンスクリット学の研究が盛んに行なわれている。IT関係で豊富な人材を輩出し、くわえて日本語学習者が多く、この街では日本企業の進出も目立っている。

【MEMO】

INDIA
西インド

【MEMO】

【MEMO】

INDIA
西インド

【MEMO】

【MEMO】

INDIA
西インド

【MEMO】

参考文献

『ヒンドゥー神話の神々』（立川武蔵 / せりか書房）

『都市の顔インドの旅』（坂田貞二・臼田雅之・内藤雅雄・高橋孝信 / 春秋社）

『インド建築案内』（神谷武夫 /TOTO 出版）

『アサー家と激動のインド近現代史』（森茂子 / 彩流社）

『インド社会・文化史論』（小谷汪之 / 明石書店）

『読んで旅する世界の歴史と文化インド』（辛島昇監修 / 新潮社）

『歓喜天とガネーシャ神』（長谷川明 / 青弓社）

『ヒンドゥー教史』（中村元 / 山川出版社）

『世界大百科事典』（平凡社）

まちごとパブリッシングの旅行ガイド
Machigoto INDIA , Machigoto ASIA , Machigoto CHINA

【北インド - まちごとインド】

001 はじめての北インド
002 はじめてのデリー
003 オールド・デリー
004 ニュー・デリー
005 南デリー
012 アーグラ
013 ファテープル・シークリー
014 バラナシ
015 サールナート
022 カージュラホ
032 アムリトサル

【西インド - まちごとインド】

001 はじめてのラジャスタン
002 ジャイプル
003 ジョードプル
004 ジャイサルメール
005 ウダイプル
006 アジメール（プシュカル）
007 ビカネール
008 シェカワティ
011 はじめてのマハラシュトラ
012 ムンバイ
013 プネー
014 アウランガバード
015 エローラ
016 アジャンタ
021 はじめてのグジャラート
022 アーメダバード
023 ヴァドダラー（チャンパネール）
024 ブジ（カッチ地方）

【東インド - まちごとインド】

002 コルカタ
012 ブッダガヤ

【南インド - まちごとインド】

001 はじめてのタミルナードゥ
002 チェンナイ
003 カーンチプラム
004 マハーバリプラム
005 タンジャヴール
006 クンバコナムとカーヴェリー・デルタ
007 ティルチラパッリ
008 マドゥライ
009 ラーメシュワラム
010 カニャークマリ
021 はじめてのケーララ
022 ティルヴァナンタプラム
023 バックウォーター（コッラム～アラップーザ）
024 コーチ（コーチン）
025 トリシュール

【ネパール - まちごとアジア】

001 はじめてのカトマンズ
002 カトマンズ
003 スワヤンブナート

004 パタン
005 バクタプル
006 ポカラ
007 ルンビニ
008 チトワン国立公園

【バングラデシュ - まちごとアジア】

001 はじめてのバングラデシュ
002 ダッカ
003 バゲルハット（クルナ）
004 シュンドルボン
005 プティア
006 モハスタン（ボグラ）
007 パハルプール

【パキスタン - まちごとアジア】

002 フンザ
003 ギルギット（KKH）
004 ラホール
005 ハラッパ
006 ムルタン

【イラン - まちごとアジア】

001 はじめてのイラン
002 テヘラン
003 イスファハン
004 シーラーズ
005 ペルセポリス
006 パサルガダエ（ナグシェ・ロスタム）
007 ヤズド
008 チョガ・ザンビル（アフヴァーズ）
009 タブリーズ

010 アルダビール

【北京 - まちごとチャイナ】

001 はじめての北京
002 故宮（天安門広場）
003 胡同と旧皇城
004 天壇と旧崇文区
005 瑠璃廠と旧宣武区
006 王府井と市街東部
007 北京動物園と市街西部
008 頤和園と西山
009 盧溝橋と周口店
010 万里の長城と明十三陵

【天津 - まちごとチャイナ】

001 はじめての天津
002 天津市街
003 浜海新区と市街南部
004 薊県と清東陵

【上海 - まちごとチャイナ】

001 はじめての上海
002 浦東新区
003 外灘と南京東路
004 淮海路と市街西部
005 虹口と市街北部
006 上海郊外（龍華・七宝・松江・嘉定）
007 水郷地帯（朱家角・周荘・同里・甪直）

【河北省 - まちごとチャイナ】

001 はじめての河北省
002 石家荘
003 秦皇島
004 承徳
005 張家口
006 保定
007 邯鄲

【江蘇省 - まちごとチャイナ】

001 はじめての江蘇省
002 はじめての蘇州
003 蘇州旧城
004 蘇州郊外と開発区
005 無錫
006 揚州
007 鎮江
008 はじめての南京
009 南京旧城
010 南京紫金山と下関
011 雨花台と南京郊外・開発区
012 徐州

【浙江省 - まちごとチャイナ】

001 はじめての浙江省
002 はじめての杭州
003 西湖と山林杭州
004 杭州旧城と開発区
005 紹興
006 はじめての寧波
007 寧波旧城
008 寧波郊外と開発区
009 普陀山
010 天台山
011 温州

【福建省 - まちごとチャイナ】

001 はじめての福建省
002 はじめての福州
003 福州旧城
004 福州郊外と開発区
005 武夷山
006 泉州
007 厦門
008 客家土楼

【広東省 - まちごとチャイナ】

001 はじめての広東省
002 はじめての広州
003 広州古城
004 天河と広州郊外
005 深圳（深セン）
006 東莞
007 開平（江門）
008 韶関
009 はじめての潮汕
010 潮州
011 汕頭

【遼寧省 - まちごとチャイナ】

001 はじめての遼寧省
002 はじめての大連
003 大連市街
004 旅順
005 金州新区

006 はじめての瀋陽
007 瀋陽故宮と旧市街
008 瀋陽駅と市街地
009 北陵と瀋陽郊外
010 撫順

【重慶 - まちごとチャイナ】

001 はじめての重慶
002 重慶市街
003 三峡下り(重慶〜宜昌)
004 大足

【香港 - まちごとチャイナ】

001 はじめての香港
002 中環と香港島北岸
003 上環と香港島南岸
004 尖沙咀と九龍市街
005 九龍城と九龍郊外
006 新界
007 ランタオ島と島嶼部

【マカオ - まちごとチャイナ】

001 はじめてのマカオ
002 セナド広場とマカオ中心部
003 媽閣廟とマカオ半島南部
004 東望洋山とマカオ半島北部
005 新口岸とタイパ・コロアン

【Juo-Mujin(電子書籍のみ)】

Juo-Mujin 香港縦横無尽
Juo-Mujin 北京縦横無尽
Juo-Mujin 上海縦横無尽

【自力旅游中国 Tabisuru CHINA】

001 バスに揺られて「自力で長城」
002 バスに揺られて「自力で石家荘」
003 バスに揺られて「自力で承徳」
004 船に揺られて「自力で普陀山」
005 バスに揺られて「自力で天台山」
006 バスに揺られて「自力で秦皇島」
007 バスに揺られて「自力で張家口」
008 バスに揺られて「自力で邯鄲」
009 バスに揺られて「自力で保定」
010 バスに揺られて「自力で清東陵」
011 バスに揺られて「自力で潮州」
012 バスに揺られて「自力で汕頭」
013 バスに揺られて「自力で温州」

【車輪はつばさ】
南インドのアイラヴァテシュワラ寺院には建築本体に車輪がついていて寺院に乗った神さまが人びとの想いを運ぶと言います。

- 本書はオンデマンド印刷で作成されています。
- 本書の内容に関するご意見、お問い合わせは、発行元のまちごとパブリッシング info@machigotopub.com までお願いします。

まちごとインド
西インド013プネー
~ガネーシャに守護された「高原都市」[モノクロノートブック版]

2017年11月14日　発行

著　者	「アジア城市（まち）案内」制作委員会
発行者	赤松　耕次
発行所	まちごとパブリッシング株式会社 〒181-0013　東京都三鷹市下連雀4-4-36 URL http://www.machigotopub.com/
発売元	株式会社デジタルパブリッシングサービス 〒162-0812　東京都新宿区西五軒町11-13 清水ビル3F
印刷・製本	株式会社デジタルパブリッシングサービス URL http://www.d-pub.co.jp/

MP024

ISBN978-4-86143-158-6 C0326　　　　Printed in Japan
本書の無断複製複写 (コピー) は、著作権法上での例外を除き、禁じられています。